AF226915

LES JOURNAUX

ET

LE MINISTÈRE

EN PRÉSENCE

DE L'OPINION PUBLIQUE.

PRIX : 2 FRANCS.

PARIS,

A LA LIBRAIRIE UNIVERSELLE,

RUE VIVIENNE N° 2 (BIS).

1829.

LES JOURNAUX

ET

LE MINISTÈRE,

EN PRÉSENCE DE L'OPINION PUBLIQUE.

BIBLIOTHÈQUE ROYALE

DEPUIS quelque temps, la presse périodique, instrument actif des passions haineuses et perfides de quelques écrivains ambitieux, a cessé d'être *le flambeau qui éclaire les Rois et les peuples* (1). Cette arme à deux tranchans, également propre au bien comme au mal, pourrait, dans des mains habiles et honnêtes, devenir un levier puissant, un moyen légal de gouvernement; mais abandonnée au délire des passions, au venin de l'envie et aux entreprises factieuses, elle n'est plus qu'un moteur

____

(1) *Métaphore de Louis XVIII.*

dangereux pour le repos des empires, puisqu'elle excite les sujets au mépris des gouvernemens légitimes, et provoque la résistance aux lois : de là à la rébellion et à la guerre civile il n'y a qu'un pas!....

Nos journaux de l'opposition, qui auraient quelque raison de se plaindre d'un régime d'inquisition, si la France pouvait en être menacée sous le sceptre fondateur des libertés publiques, sont eux-mêmes des inquisiteurs terribles devant qui et par qui l'honneur national, la gloire française, les vertus civiques, la probité, la fidélité et les grandes illustrations doivent tour-à-tour subir un opprobre public. Leur investigation téméraire et cruelle frappe indistinctement toutes les réputations contemporaines, s'acharne à tourmenter les familles et les individus, et détruit, par un seul trait de perfidie, l'espoir et le charme de la vie entière des citoyens paisibles. Les journaux usurpent donc le domaine de l'histoire longtemps avant qu'il ne soit échu au domaine public. Ils crient contre la censure morale des expressions, et ils exercent la plus cruelle et la plus inique censure contre les choses d'ordre public et contre les hommes en particulier.

Tant d'audace doit alarmer les honnêtes gens. Quelle est en effet cette puissance nouvelle qui se place au-dessus des lois et des gouvernemens pour régner sur les esprits foibles en les persuadant qu'ils sont les plus forts? Eh quoi! ni les choses saintes et sacrées, ni la majesté royale, ni les nations en paix ne pourront être préservées de cet esprit violent de licence et de terreur, fulminé par la presse libre, dans le but de fomenter des complots et d'entretenir la tourmente révolutionnaire chez un peuple qui n'éprouve d'autre besoin que celui de la concorde et du repos! Faut-il donc rappeler sans cesse à nos publicistes téméraires qu'ils doivent leur liberté et l'affranchissement de la presse au meilleur des rois de la terre? Faut-il leur redire encore que d'un seul mot le Monarque pourrait leur ravir le précieux bienfait dont ils jouissent avec tant d'ingratitude?

La vie de l'homme doit être murée, a dit loyalement un député libéral à la tribune législative. Et le moment n'est peut-être pas éloigné où ce grand citoyen sera lui-même attaqué par le journalisme dans son honneur comme dans ses principes. Ne sait-on pas en effet que M. Royer-Collard est un royaliste? donc M. Royer-Collard serait un traître à la manière de M. de Bourmont, qui seul reste fidèle à son Roi au milieu d'une armée en pleine révolte.

Tel est en effet le stupide raisonnement de nos faiseurs de gazettes.

Un ministre bien intentionné, et doué d'une grande finesse d'esprit, caresse un instant le parti se disant libéral; mais bientôt il acquiert la preuve de l'incompatibilité de ce parti avec tout ce qui est conforme aux lois divine, naturelle et humaine. Alors M. de Martignac se borne à défendre la prérogative royale déjà compromise; donc M. de Martignac fut un traître à la manière de M. de la Bourdonnaye, qui a constamment et courageusement combattu pour la monarchie et pour la dynastie légitime des Bourbons.

Un ministre, pair de France, justement estimé et renommé par sa droiture et son habilité en finances, succède à un ministre royaliste, il obtient aussitôt la confiance du parti révolutionnaire; on l'environne, on le circonvient, on le flatte, *le Constitutionnel* se rédige aux reflets de son imagination et de son génie; mais ce ministre comprend toute l'étendue de ses devoirs, il sonde la profondeur de l'abîme qui se prépare, dès-lors il se plaint à la tribune des craintes chimériques de ses adeptes, des entraves sans fin qu'une faction mal avisée oppose aux source de la fortune publique, des empêchemens continuels apportés au recouvrement des contributions; et M. Roy n'est plus qu'un traître à la manière de M. de Chabrol, qui ne craint pas de s'opposer aux associations hostiles au trésor et ennemies du trône.

M. de Portalis, magistrat et pair de France, requiert l'application des lois contre une société fameuse, induement ou illégalement constituée; M. de Portalis est un Dieu. Mais M. de Portalis devient ministre du Roi, il s'oppose à la violation des droits sacrés et constitutionnels de la royauté; M. de Portalis n'est plus qu'un traître à la manière de M. de Courvoisieur, qui rend hommage au vrai culte, obéit à son Roi et respecte les libertés publiques.

M. Bourdeau, libéralissime député et ministre temporaire de la justice, éprouve le besoin de préserver la société menacée de dissolution; il veut arrêter ou du moins comprimer l'audace effrénée de la presse licencieuse; donc M. Bourdeau n'est qu'un traître à la manière de M. Mangin, qui, chargé de venger la société tout entière dans une circonstance pénible, conclut en son ame et conscience, devant Dieu et devant les hommes, à l'application des sévérités de la loi contre la révolte armée et convaincue de crime.

M. de la Ferronnays, modèle de loyauté et de franchise, entend les royales volontés de son Prince; il va déployer aux yeux des Grecs indisciplinés et courbés sous le fer musulman l'étendard secourable et glorieux des lys; mais il accepte ensuite les honneurs d'une ambassade chrétienne auprès du Saint-Père; donc M. de la Ferronnays n'est qu'un traître à la manière de M. de Montbel, ministre de l'instruction publique, qui se permet d'autoriser les écoles luthériennes en vertu des libertés octroyées et garanties par la Charte de Louis XVIII.

M. de Polignac, ministre bienveillant et sage, confident sincère des royales intentions de son Prince, maintient la balance et l'équilibre dans les conseils du monarque; il voudrait cimenter un règne de paix et de concorde civile; mais M. de Polignac est un prince, un courtisan, un aristocrate; donc M. de Polignac est un traître, à la manière des cent ministres passés qui ont osé résister à la révolution et accepter des portefeuilles ou des duchés-pairies.

M. d'Haussez, ancien préfet, vivement regretté de ses administrés, député connu par la modération et la sagesse de ses principes, est appelé au ministère de la marine; un sentiment de conviction l'attache inviolablement au maintien des lois de l'État, qui sont la sauve garde des empires; donc M. d'Haussez est un traître à la manière de tous ses collègues, alliés et conjurés pour le renversement de la Charte, avec l'intention de briser tous les liens qui unissent le monarque à son peuple.

Dès son premier jour, les journaux reprochèrent au ministère d'être la créature de lord Wellington. Aujourd'hui, ces mêmes journaux nous affirment que lord Wellington a juré la chute de sa créature. Père dénaturé !....

Nos ministres s'étaient alliés avec l'Angleterre contre la Russie, alliance honteuse, s'écriaient les journaux, et qui nous place à la remorque de la marine anglaise; aujourd'hui, quand il est constant que cette alliance n'a pas même été recherchée par le cabinet de Saint-Cloud, on reproche aux ministres de ne pas faire cause commune avec le cabinet de Saint-James, pour exterminer le colosse russe.

Veut-on d'autres preuves de la bonne foi radicale des journaux de l'opposition? Nous n'en manquons pas.

« Le Roi, nous disent-ils, est placé consti-
» tutionnellement dans une sphère élevée et
» inattaquable; Sa Majesté ne peut ni *vouloir le*
» *mal*, ni *mal faire*. » Or (voyez la conséquence qu'ils en tirent) le Roi a changé son conseil des ministres en vertu de sa prérogative royale et constitutionnelle; donc le Roi a *mal fait*, donc le Roi *veut le mal*.

D'après la Charte, le Roi nomme à tous les emplois publics; donc le Roi doit consulter le peuple.

Misérables, qui remuez la société tout entière

et mettez chaque matin l'esprit public à la torture, ayez au moins la pudeur du gros bon sens si vous n'avez pas celle de la délicatesse et de l'honneur !

En vérité la polémique quotidienne de nos publicistes d'opposition est toute mélodramatique. On dirait qu'ils se sont donné le mot pour mystifier simultanément leurs lecteurs et qu'ils n'écrivent plus que pour les niais et les gobe-mouches.

Il est vrai qu'il existe plus d'affinité qu'on ne pense entre la révolution et le mélodrame.

La révolution, d'abord caressée, encouragée, grandit tout-à-coup, perdit bientôt toute forme humaine, et devint un monstre dévorant ceux-là même qui l'avaient nourrie.

Le mélodrame, faible et marchant à l'ombre dans son enfance, leva effrontément sa tête audacieuse ; franchissant les règles de l'art et du bon sens, il s'arma insensiblement de pistolets et de poignards, égorgea d'abord à l'écart et en secret ; puis, élevé dans le crime, il voulut ouvertement se repaître de sang et porta le simulacre du meurtre, de l'incendie, du pillage et de l'assassinat en place publique aux regards de la multitude avide de ces belles horreurs. Il suffit aujourd'hui d'annoncer un mélodrame sanglant, *turba ruunt :* il y a foule au spectacle.

Ainsi les journalistes veulent entraîner les

masses dans l'abîme des révolutions. Celui qui ne possède rien n'a rien à risquer, mais il peut y gagner beaucoup. Voilà exactement la morale qui sert de guide à leur esprit de cupidité et de vertige. Peu importe à leur patriotisme que la grande majorité des Français s'accorde de plus en plus à environner le trône légitime de ses respects et à le regarder comme l'ancre du salut commun! L'ardeur destructive de ces novateurs sans fin ne se ralentit pas; en attendant qu'ils puissent frapper en place publique, ils aiguisent leurs poignards et s'exercent dans l'ombre; que dis-je dans l'ombre? c'est publiquement, en présence des pouvoirs constitués, qu'ils organisent les masses par divisions, et les préparent à la rébellion, à l'insurrection!....

Voyez-vous surgir tout-à-coup l'association bretonne, les associations lorraine, parisienne, normande et même champenoise!

Armés de faux syllogismes et trompant l'esprit des hommes faibles par l'hypocrisie du raisonnement, ces ennemis éternels de tout gouvernement légitime, de tout pouvoir constitué, sont parvenus à couvrir, d'un verni spécieux de légalité, l'acte le plus insolent, la plus révoltante fédération que la défiance et l'audace aient osé conseiller aux peuples depuis qu'ils obéissent à des lois.

Mais, disent-ils, l'association n'est qu'un

acte de prévoyance naturelle reposant sur une hypothèse toute spéciale.

A quoi bon nous créer des fantômes pour les combattre? Les lois, dites-vous, pourroient être violées! et par qui violées? si ce n'est par vous-mêmes et par vous seuls. Mais il faut semer la défiance et l'irritation dans le cœur des citoyens; il faut rendre le Prince bien odieux et les chambres bien viles; le pouvoir déconsidéré est un pouvoir déchu. Nous y voilà : plus de confiance; plus de respect; plus de morale publique; plus de religion de l'état; plus de lois; plus de pouvoir; plus de moyens de gouvernement; plus de gouvernement; et le peuple est souverain, et nous sommes le peuple. Quel beau jour !

A nous, bons Français, pères de familles, propriétaires, manufacturiers, commerçans, magistrats et employés de toutes les classes, guerriers et citoyens attachés au beau sol de la France, et pour qui la patrie est chère; à nous!...

> Des lois de Charles et de Louis
> Le règne est à jamais prospère ;
> Libres, sous l'étendard des lys,
> Dans le Roi nous avons un père.
> Faisons trève à tout différent,
> Vivons en bonne intelligence ;
> Français, prenons pour ralliment :
> *Vive le Roi! Vive la France!*

Malheur à qui tenterait de persuader au peuple dévoué qu'un Prince, modèle de chevalerie, de clémence et de loyauté ; qu'un Roi, continuateur du règne à la fois difficile et glorieux de notre immortel législateur, son auguste frère, puisse songer un instant à replonger la nation française dans les ténèbres et le chaos, en élevant le pouvoir au-dessus du pouvoir même, et se plaçant au-dessus de ces lois sublimes directement émanées de sa puissance légitime !

Non, non, cette supposition est toute révolutionnaire et d'une croyance stupide. Le temps seul et la mauvaise foi des révolutionnaires nécessiteront un jour quelques changemens dans le mode électoral ; mais la base de l'édifice est à jamais consolidée, et la monarchie, telle que l'a faite la Charte, est en puissance de résister à toutes les entreprises des cruels ennemis de la dynastie royale.

Ah ! sans doute, le monarque, dont le cœur magnanime doit être navré de tant d'ingratitude pour tant de bienfaits descendus de son trône héréditaire, aura le droit de nous dire, comme le ferait le meilleur des pères à ses enfans prodigues ou ingrats, *Non, plus de bienfaits, plus de concessions ni de conditions, puisque vous abusez de ma bonté......*

Mais, que tout rentre dans l'ordre ; que la

concorde publique soit la force et l'appui du trône ; que les Français, égarés par la perfidie de quelques hommes auxquels il ne reste plus que l'ombre du squelette révolutionnaire, reviennent aux idées vivaces de la monarchie ; qu'ils se rattachent franchement et loyalement au trône légitime ; qu'ils reconnaissent enfin, après tant d'orages, de tempêtes et de secousses politiques, que, s'il est un port sûr aux naufragés, un abri tutélaire pour les arts, les sciences et l'esprit, c'est celui de la monarchie telle que les Bourbons nous l'ont rendue, et que, ni en deçà, ni au-delà, ne peut exister la bonne voie : *Ultrà citràve nequit consistere rectum.*

Alors, et seulement alors, la sérénité, indice du contentement et de la satisfaction, se montrera toute rayonnante et à découvert sur la noble figure de Charles X ; la royauté, sans rien perdre de sa majesté ni de ses droits, sera bientôt plus accessible et plus confiante ; et le Monarque généreux, suivant l'élan de son cœur tout français, voudra joindre encore des franchises municipales aux libertés publiques.

Que si la révolution, ou plutôt la poignée de révolutionnaires qui se débat encore au milieu du vaste empire des lys, car c'est d'eux que l'on peut dire, *apparent rari nantes in gurgite vasto ;* que si, dis-je, ces hommes in-

corrigibles , brûlans de la soif du pouvoir, et
ennemis éternels de tout pouvoir, s'acharnent
plus long-temps dans leur interminable que-
relle, il faudra bien en venir aux mains avec
eux, et s'opposer, pour un instant, à l'écho
de cette trompette de malheur, qui ne publie
que des erreurs et des crimes, pour dégrader
plus sûrement la raison publique et les vertus
sociales.

Lisez un journal de l'opposition, n'importe
lequel, vous y verrez sous quelles couleurs
sombres on nous présente l'avenir de la France.
Et, à aucune époque, la France n'a joui de
plus de libertés, de plus d'indépendance, de
plus de richesses et d'espérances.

La richesse publique s'accroît, en effet,
chaque jour, par l'infatigable activité de l'industrie, de l'agriculture et du commerce. Les
arts, encouragés et honorés, rivalisent entre eux
d'émulation et de génie. Les magistrats font
observer les lois; car Charles X veut régner
par les lois. Le peuple jouit avec reconnais-
sance des bienfaits de la paix, et les vœux de
la majorité des Français se confondent dans
l'amour du souverain ; les journalistes seuls
sont ingrats et révolutionnaires. Ils exploitent
une mine infernale et pourtant productive,
tant les démons ont d'empire sur les esprits!
C'est dans leurs mains qu'est tombée la boîte

de Pandore, et c'est par leurs perfides mains qu'elle s'ouvre à chaque nouvelle aurore, pour déchaîner ses dangereux captifs.

Néanmoins, les journaux et leurs auteurs commencent à être connus pour ce qu'ils sont; le public les apprécie à leur juste valeur, et ils sont jugés comme ils devaient l'être par le temps, grand maître des réputations. Qui ne sait pas aujourd'hui la cupidité des *Débats?* Ses rédacteurs mourront d'une ambition rentrée. Qui pourrait douter de l'égoïsme du *Constitutionnel?* C'est là que sont exposés en lettres d'or les produits de la discorde civique, et qu'on peut lire en entrant : *Virtus post nummos.* Qui pourrait méconnaître, à son enveloppe, la pensée révolutionnaire du *Globe?* Qui se laissera prendre aux amorces insidieuses du *Journal de Paris?* Et qui sourit aux doctrines habilement exposées du *Courrier Français?* si ce n'est la république

La république : voilà donc le rêve flatteur de votre imagination, le vœu le plus ardent de vos cœurs! Ah! par malheur pour vous et pour nous, la France en a fait une trop cruelle épreuve. Le gouvernement républicain couvrirait, encore une fois, le sol français de victimes et de tombeaux, et vous-mêmes y péririez sans gloire, mais non pas sans remords.

Graces soient rendues aux lumières actuelles ,

au bon sens et à la philosophie du peuple! il se défie de quiconque prétend rendre les hommes plus heureux qu'ils ne peuvent l'être. C'est la chimère des usurpateurs et le prétexte des tyrans : le moyen est usé.

Toutes ces vérités sont palpables; mais les journalistes les nieront audacieusement, et comme ils ne peuvent plus préconiser les révoltes de Naples, du Piémont, de l'Espagne, de l'Italie et même du Portugal; comme les peuples, partout éclairés sur leurs véritables intérêts, veulent se reposer sous les drapeaux de la monarchie européenne; comme les passions, qu'ils égaraient, désabusées de projets sans avenir, de dangers sans profit, les repoussent et s'indignent d'avoir été si souvent induites en erreur, ils fomenteront des bouleversemens nouveaux, et c'est sur la France même, sur leur mère-patrie que porteront leurs coups parricides.

En vain, leur dirons-nous avec raison, voyez la cote des fonds publics, véritable thermomètre politique, tous les crédits y sont en hausse. Voyez nos provinces riches de leur agriculture et de leur industrie; l'abondance est dans nos guérets, les capitaux refluent de toutes parts vers le centre, qui renferme déjà trop de trésors inactifs. Vains discours! inutiles efforts! la raison n'a pas d'empire sur les cœurs révolutionnaires, la discorde est leur élément de prédilection ; ils se réjouissent des publiques calamités, et se plaisent dans l'anarchie et le chaos ! *Verba et voces, praetereaque, nihil.*

Naguère la France était calme et confiante, les haines avaient vieilli, les passions s'éteignaient, la paix publique offrait le gage le plus certain de la prospérité de la nation et du bonheur des familles ; nos princes généreux et bons avaient oublié un moment d'entraînement irréfléchi et d'erreur coupable ; l'horrible acte additionnel était effacé par le temps, aucun souvenir fâcheux n'alarmait plus le cœur du monarque, il s'ouvrait avec effusion à tous les fidèles Français ; nous allions former enfin un peuple de frères soumis à des lois, et libre sous le règne protecteur d'un bon père. Mais voici renaître la discorde civile agitant ses torches incendiaires et ses serpens homicides ; voici toute une génération entraînée encore une fois, par l'esprit de désordre et de turbulence, à proscrire elle-même son propre avenir aux regards du pouvoir légitime.

Qu'est-ce en effet que cette affiliation au comité directeur, souscrite en haine du Gouvernement royal ? Quelles sont, aux yeux du pouvoir, ces listes d'opposans, sinon des listes de suspects ?

Que feriez-vous en refusant d'acquitter l'impôt dû à l'État en vertu de cette loi naturelle, divine et éternelle qui nous prescrit de rendre à César ce qui est à César, comme nous devons rendre à Dieu ce qui est à Dieu? Je vous le demande, que feriez-vous? Vous formeriez des listes permanentes de rebelles, et dès lors vous tomberiez *proprio motu*, ou en corps, sous le glaive de la loi et de la force armée, comme des conspirateurs ou chefs de complots.

Comment une telle pensée a-t-elle pu sourire à tant d'esprits sinon clairvoyans, du moins culti-vés? Refuser l'impôt... mais c'est frapper de mort et le Gouvernement et la société tout entière. Ne voyez-vous pas que le budget de la guerre est le nerf indispensable de l'armée, la solde de l'of-ficier et le pain du soldat; que le budget de la justice est la conservation de l'ordre public, la garantie du respect qui est dû aux choses so-ciales et sacrées, enfin l'existence de cette noble et illustre magistrature française qui acquiert d'autant plus de droits à nos respects qu'elle est plus impassible et plus pure devant vos in-sinuations perfides et vos suggestions calami-teuses? Ne voyez-vous pas que le budget de l'intérieur est le grand moyen de circulation et de vitalité donné aux richesses publiques? Cet argent, qui sort des coffres de l'État, va se répandre dans toutes les veines du corps social par cent canaux divers, par mille et mille routes ; arrêtez cette circulation pendant vingt-quatre heures, et vous frappez d'apoplexie foudroyante le corps social tout entier.

Parlerai-je du budget des finances, de celui de la marine, enfin du budget de l'instruction publique et des cultes ? Qui ne comprend tout le besoin de l'ordre le plus minutieux dans le détail de la comptabilité ? Qui ne sait que la marine est une seconde armée, éprouvant les mêmes besoins et combattant sous les mêmes drapeaux que l'armée de terre ? Et quel est l'homme assez barbare pour tarir avec intention le lait de l'instruction, de la morale et de la religion que la patrie généreuse et bienfaisante donne librement à tous ses enfans ? Ne voyez-vous pas enfin que le refus du budget qui vous occupe tant et si fort, serait la plus grande et la plus inouïe de toutes les calamités, puisque la foi publique se trouverait violée dans le sanctuaire même des lois et par les législateurs ? N'est-il pas positif que les engagemens de l'Etat sont sacrés, et que le service public ne peut éprouver le moindre retard dans son exécution ? Or, ne payez pas les fournisseurs, ils ne livreront ni vivres, ni habillement, ni équipement à l'armée, ni matériaux pour les constructions, pour les routes, pour les arsenaux ; tout sera paralysé, l'agriculture, l'industrie, le commerce seront étouffés par votre mesure de salut public ; la circulation intérieure cessera tout-à-coup ; et, je le répète, l'apoplexie serait foudroyante, la banqueroute serait générale ; vous-mêmes, directeurs du complot, seriez les premières victimes : car je suppose, avec raison, que vous avez quelque part dans les fonds publics, au grand-livre, à la caisse d'amortissement, peut-être même des pensions à la liste civile. Ingrats, c'est donc ainsi que vous cherchez à vous venger des bienfaits dont vous êtes comme accablés !

Malheureuse France, tes enfans seraient-ils condamnés à se détruire eux-mêmes par la rébellion ? Serait-ce donc en perdant sa vie qu'on la sauve ?

Non, non, le peuple français que l'on cherche à soumettre à la verge d'un despotisme cruel, à la tyrannie des fausses doctrines, ce bon peuple est éclairé sur ses véritables intérêts ; il sent toute la liberté dont il jouit, et il en jouit à son aise ; il a compris dès long-temps le but de ces menées révolutionnaires, de ces ovations sans fin, de ces triomphes de commande où le crime libéré reprend les livrées du crime. Ce peuple est bon juge : avant de se courber sous le joug des tyrans usurpateurs, il s'est soumis aux choses ; il se plaît dans la réalité de son bien-être ; il sait que le bon ordre est la vie des nations, que le respect de tous les droits acquis est la garantie des droits dont nous jouissons individuellement ; il flétrit donc la malveillance et se soumet à l'empire des lois.

J'ai long-temps médité et approfondi les doctrines spéculatives de nos grands génies de gazettes. Voici en peu de mots à quoi se réduit toute la science révolutionnaire : Voulez-vous éditer un journal d'opposition ?

« Frondez ouvertement tout ce qui est bien ; donnez de bonnes ou de mauvaises raisons, n'importe ; il suffit que le pouvoir royal ait agi dans les limites et la plénitude de ses droits, frondez !...

» Attaquez sans pudeur et sans crainte tout ce qui fait l'objet de l'amour et de la vénération des peuples. Les choses sont-elles légitimes, saintes ou sacrées ? attaquez !...

» Parlez souvent philanthropie sans pour cela être philanthrope. Ramassez toutes les anecdotes sanguinaires passées sous le règne des tyrans ; car tous les peuples qui ont eu de bons rois ont souffert du règne des tyrans, entendez-vous !...

» Parlez sans cesse de victimes, sans vous inquiéter de savoir où sont les bourreaux. Semez l'alarme, vous ne pouvez manquer de faire naître la crainte et le désordre. Semez, ne craignez rien, la récolte sera belle !...

» Sommes-nous en paix au midi ? invoquez le génie infernal de la guerre du côté de l'orient, et même du côté du nord , si le Gouvernement pensait à l'orient. Craignez-vous de troubler la tranquillité des nations , d'alarmer le commerce, d'anéantir l'industrie ? Non , non , vous embouchez la trompette guerrière , qu'importe que la terre soit jonchée de cadavres et arrosée de sang, vous combattez pour la cause sacrée de la liberté : or , la liberté tue tout ce qui lui résiste ; tuez, empoisonnez, incendiez , massacrez , pillez, violez, vous êtes libres !...

» Sommes-nous vainqueurs et paisibles, vite ourdissez des complots liberticides ; rien n'intéresse comme des complots bien nourris ou bien obscurs ; le lecteur frissonne au récit des dangers qui l'ont menacé , et auxquels il n'a échappé, direz-vous, que par miracle. Sans vous, sans votre article de gazette, c'en était fait de la Charte constitutionnelle et des libertés publiques ; mais la liberté est sauvée, le Roi est prisonnier, *vive la liberté !*...

» N'oubliez jamais d'afficher la plus grande impartialité, le plus noble désintéressement dans vos discussions. La patrie, son bonheur, sa gloire, ces mots sonores et ronflans doivent toujours se trouver sous votre plume, et jamais celui de roi, entendez-vous !...

» Affirmez hardiment que les nobles pairs, que les honorables députés qui prêtent leur appui au trône conspirent sans cesse contre les droits imprescriptibles de l'homme et des peuples. Le mensonge est abominable, c'est égal, affirmez !...

» Excitez contre les malheureux ministres de la religion de l'Etat toutes les têtes ignorantes et tous les cœurs endurcis. Feignez d'oublier que le clergé de France fut long-temps proscrit, long-temps persécuté à la suite des plus fausses accusations; accusez encore, excitez toujours !...

» Le peuple est religieux, il se prosterne aux pieds des autels de l'Eternel ; nos pères avaient un culte, ce culte est le nôtre, nous aimons les bons prêtres : eh bien ! montrez-nous ces prêtres comme les perturbateurs de tous les pays, incapables de concevoir les idées généreuses ; et, pour mieux persuader, plongez dans l'oubli et le néant les noms des *Las Casas*, des *Fénélon*, des *François de Sales*, des *Vincent de Paul*, etc., etc. J'en aurais tant à nommer !...

» Souvenez-vous que le stupide vulgaire croit plutôt le mal que le bien. Appuyez ferme sur les ridicules, sur les préjugés, sur l'ignorance. Interprétez les intentions, rendez-les criminelles, quoiqu'au fond de l'ame elles soient religieuses, bienveillantes et pures.

» Soyez méchans, farouches, calomniateurs, mais tranchez les questions et ayez l'air de raisonner ; c'était une si belle déesse que celle de la Raison ; ah! quel beau temps !...

» Comme il vaut mieux paraître original que copie, recherchez toutes les traditions qui sont de nature à servir la faction révolutionnaire ; rappelez les choses et les principes, mais changez les noms et les époques, puis comparez le présent au passé, et gardez-vous bien de laisser percer la moindre espérance pour l'avenir ; rien ne peut arriver sans un changement total, il faut que tout soit renversé ; c'est surtout sur le pouvoir que vous devez frapper. Frappez donc : je ne réponds pas que vous frapperez juste ; mais l'essentiel est de frapper fort !...

» Organes, avoués ou non, de toute la nation, ne parlez jamais des frères et amis que pour les citer comme des héros de liberté, de bienfaisance et d'humanité ; léguez à la postérité leurs noms glorieux ; vous mentirez souvent, vous tronquerez l'histoire et tromperez le public ; mais qu'importe, l'effronterie est un égide qui vous soutiendra contre l'indignation des honnêtes gens. N'oubliez pas que vous exploitez la mine la plus productive du monde. Dans le sein de cette mine sont enfouis les plus riches trésors, vous les exhumerez. Ne voyez-vous pas surgir à volonté la vanité, l'orgueil, l'envie, l'ambition, la haine, la vengeance, la discorde civile et la révolution.... Oui, la révolution ; qui veut les moyens veut la fin.... »

Tel doit être le prospectus d'un journal d'opposition. Refusera-t-on d'y croire ? je ne le pense pas. Dans tous les cas, ceux des lecteurs qui ne se trouveraient pas suffisamment éclairés, pourront recourir au *Constitutionnel*, aux *Débats*, au *Courrier*, au *Globe*, au *Journal de Paris*, et à tant d'autres éclaireurs *ejusdem farinae*; ils y trouveront la pratique unie à la théorie.

Abordons maintenant la question de vie ou de mort du ministère Polignac et la Bourdonnaye.

Ce ministère doit-il se retirer devant le journalisme, ou devra-t-il tomber devant les Chambres?

Tout homme d'état, tout publiciste, ami du trône et des libertés publiques, ne pourrait religieusement conseiller la retraite du ministère actuel dans l'un comme dans l'autre cas.

Il n'est pas raisonnable de penser, et ce serait une grande erreur de le croire, que le ministère Polignac soit né de la fantaisie ou du caprice d'un jour; il est au contraire le produit de la réflexion et d'une combinaison dont on doit attendre les plus heureux résultats en dépit des divagations et des criailleries du journalisme.

Ainsi, la prérogative royale est engagée et intéressée à maintenir l'œuvre de son choix. Long-temps avant la clôture de la dernière Chambre des Députés, dont une fraction s'était montrée si déterminée et si constante dans son hostilité contre le trône, le Roi avait dû songer à changer un ministère dont les membres, quoique bien intentionnés sans doute, n'avaient pu rallier à leur char ni la droite ni la gauche de la Chambre, ni même l'un ou l'autre des centres. Il y avait une sorte d'incompatibilité d'humeur entre les ministres et les députés, et d'ailleurs la Chambre n'était pas d'accord avec elle-même, puisque l'opinion flottait à tous vents, et que de tous côtés les ministres rencontraient une opposition menaçante. Si, dans sa haute sagesse, le Roi n'eût pas pensé à remédier à cet état de choses, de plus en plus alarmant à mesure que la session avançait, et se terminait au bruit des menaces les plus violentes pour l'année prochaine, la Chambre des Pairs et le conseil privé de Sa Majesté n'auraient pas manqué de l'avertir des dangers dont son Gouvernement était menacé. Assurément les conseils de la prudence eussent été entendus, puisqu'une mesure souveraine a été adoptée dans le but de mettre fin à la dissidence de la Chambre et à la faiblesse du Ministère.

Si, dès aujourd'hui, l'intrigue et la révolution pouvaient pénétrer assez avant dans les conseils du Monarque et motiver un changement de résolution, il serait évident que non-seulement le Ministère tomberait devant le journalisme, mais que la prérogative royale recevrait une atteinte directe à la force dont elle est armée, et au respect qui lui est dû. Or, le salut des gouvernemens, comme celui des empires, est dans l'énergie du pouvoir comme dans la vigueur d'exécution, et c'est ici le cas de dire, même d'après la Charte : *Si veut le Roi, si veut la loi,* puisqu'il est incontestable que le Roi est entièrement libre dans le choix de ses ministres.

Nous ne voyons pas, au surplus, en supposant même la plus humble condescendance aux volontés révolutionnaires, quels hommes le Roi pourrait donner au parti qui veut des changemens et qui voudra des changemens jusqu'à ce que la royauté soit elle-même changée. Il y a, parmi les ministres actuels, différentes nuances d'opinions suffisamment marquées par d'honorables antécédens, toutes ces nuances se confondent dans l'esprit de paix et de concorde que désire la nation, et qu'appelle le trône ; le Ministère n'est point sorti des voies légales, il n'a point menacé les libertés publiques, il confie au contraire sa destinée à l'espérance de conserver nos institutions et d'y rallier avec lui des hommes d'état qui se faisaient scrupule de les protéger.

Dans cette position, à quoi le Ministère doit-il s'appliquer davantage ? A former une majorité royaliste et constitutionnelle dans la Chambre des Députés seulement ; car, dans la Chambre des Pairs, cette majorité existe de fait et à perpétuité : le don de la sagesse étant de conserver et non pas de détruire.

Où et comment le Ministère pourra-t-il asseoir sa majorité ?

Si l'on ajoutait foi au langage des journaux, oh ! certainement, le Ministère resterait isolé dans la Chambre des Députés ; mais il faut bien se garer des insinuations du journalisme, celui-ci débite des mensonges de coterie, et voilà tout. Pour nous, qui voulons voir venir les hommes à pas comptés, nous n'avons jamais désespéré de réunir une imposante majorité en faveur d'un Ministère bien intentionné, surtout quand du haut de son trône le Monarque appelle tous les fidèles Français à l'union et à la concorde civique. Toutefois, ne nous faisons pas illusion ; il y a parmi les députés des ambitions déçues, et celles-ci, peut-être, ont fait naître d'autres ambitions. Mais que sont une douzaine d'hommes dans quatre cents ? Quel ascendant, quelle force persuasive exerceront-ils sur une masse attentive au bien-être général, toute dévouée au grand intérêt national, et disposée d'avance à mépriser les petites passions des coteries ambitieuses qu'il faut classer en dehors de la Chambre, puisque leur unique mobile est l'intérêt particulier ?

Ne sait-on pas, par exemple, que la coterie des *Débats*, dont la loquacité est à l'épreuve des circonstances, avait l'honneur de figurer l'année dernière parmi les muets du *sérail?* Elle fera du bruit cette année, mais on verra le bout de l'oreille.

Quant au *Constitutionnel*, il restera spectateur des événemens. Ses rédacteurs n'ont qu'une seule ambition, celle d'amuser ou d'abuser leurs lecteurs, pour les conserver. Or, les députés du centre gauche ne s'amusaient pas du tout avec *le Constitutionnel*, qui abusait quelquefois de leur sourire de protection et se permettait de les consigner à l'antichambre. Voilà donc soixante-dix députés de la gauche qui viennent de signifier leur défection au *Constitutionnel* en s'alliant à M. Coste, éditeur du journal *le Temps*, décidé à marcher comme le temps. Maintenant de quel côté sera le bon vent? Nous verrons. Toujours est-il vrai que les soixante-dix députés du centre gauche sont actionnaires du *Temps*, et qu'ils ont promis beaucoup d'abonnés à ce journal ; à condition néanmoins qu'il ne serait ni impérialiste, ni républicain, mais qu'il arborerait franchement les doctrines conservatrices de la monarchie constitutionnelle.

Cette démarche de la part de soixante-dix députés auxquels se sont réunies un grand nombre de personnes influentes, n'a pas été sans cause ; elle ne sera donc point sans effet.

La raison publique s'indignait de la fronde des journaux, les députés ont dû prudemment se retirer de la ligue. Maintenant, si M. Coste, homme d'esprit et de sens, comprend bien sa position, il attendra les événemens et les faits et ne s'abandonnera pas imprudemment à la *cosaquerie politique*. *Le vrai seul est aimable* (1).

(1) Lorsque les *Tablettes universelles* paraissaient sous la direction de M. Coste, j' trouvai un arti le fort raisonnable, que je sortis de la collection ; en voici l'extrait :

« Sous la dénomination de *libéraux*, on confond mal à propos l'opposition, les révolutionnaires, les bonapartistes et les républicains, *quatre espèces* d'hommes tout-à-fait différentes.

« Il n'est pas douteux qu'il existe en France des républicains : où n'y en a-t-il pas ? il y en a même en Russie et en Turquie. Mais les républicains ne sont point de l'opposition ; ils sont hors de la constitution, et par conséquent hors de l'opposition, qui ne peut aspirer à une influence quelconque sur l'opinion qu'en défendant la constitution.

» On dit qu'il y a encore des bonapartistes en France : j'ai rencontré beaucoup de personnes qui ne voulaient pas croire que cet homme, qui était aller réaliser sur le rocher de Saint-Hélène la fable de Prométhée, était mort ; j'en ai conclu que les maisons de fous étaient menacées d'envahissement, mais je n'ai pas craint qu'on vînt nous offrir d'échanger le Charte contre une assemblée du Champ-

En parlant du centre gauche de la Chambre, j'ai presque indiqué la ligne des amis de MM. d'Haussez et Courvoisier. Dira-t-on main-

de-Mars, pour nous faire renoncer à l'avenir consolateur qui s'est ouvert devant nous.

« Il y a des révolutionnaires, je le crois; mais sont-ils nombreux? excitent-ils de l'enthousiasme? trouveraient-ils des instrumens? deux choses absolument nécessaires pour tenter une révolution. Non, le peuple est las de révolutions; il aime la royauté, il aime la Charte, parce qu'il a trouvé le repos dans la monarchie constitutionnelle. L'opposition n'a donc rien de commun avec les révolutionnaires, les bonapartistes et les républicains. »

Les vérités analysées dans cet extrait sont devenues plus palpables avec le temps; mais, dans la confusion actuelle des *espèces différentes*, à quel signe reconnaîtrons-nous la vraie opposition? Quel gage nous donnera-t-elle de la pureté de ses intentions? Qui préservera le Gouvernement des entreprises de ces *grands citoyens*, courant de ville en ville, et de villages en hameaux, humbles plébéiens s'élevant jusqu'aux honneurs du triomphe; jadis proconsuls, aujourd'hui tribuns, distribuant les *faisceaux* et commandant aux *licteurs*? Ceux-là, sans doute, ne sont ni des membres de l'opposition, ni des partisans de la Charte constitutionnelle; que sont-ils donc? des révolutionnaires!....

Entendons-nous une fois pour toutes sur le vrai sens du mot *révolutionnaire*, épithète honteuse pour tout bon Français.

L'opinion publique, en 1789, voulait l'égalité devant la loi, le vote libre et la répartition proportionnelle des impôts, l'admissibilité de tous les citoyens aux emplois tenant que ni la droite, ni le centre droit ne voudraient voter avec M. de la Bourdonnaye? Nous répondrons, avec assurance, que toute la

dè l'État, la liberté individuelle, la liberté des cultes, la liberté de la presse, l'inviolabilité du Roi, l'inviolabilité des propriétés, la responsabilité des ministres, la discussion publique des lois, l'abolition des priviléges, hors de ceux attribués au pouvoir par un loi fondamentale ; l'institution du jury, le respect des juges naturels, l'abolition de la confiscation , une législation civile en rapport avec un nouvel état social, et enfin, l'observation obligatoire et à toujours de ces droits et de ces concessions réciproques.

Eh bien! la Charte a donné tout cela à la France. La révolution a joui du triomphe des idées libérales, les hommes de 1789 ont obtenu tout ce qu'ils demandaient le jour où le pouvoir constituant, où la royauté a légitimé en les adoptant toutes les prétentions de la révolution : tel a été l'effet de la restauration. La déclaration de Saint-Ouen , la Charte, le serment du sacre sont des garanties si positives et si saintes, que l'on doit être fort étonn de rencontrer encore des révolutionnaires. La révolution française, ce me semble, est entièrement consommée, et certes le peuple français s'en aperçoit très-bien, puisque l'honnête homme jouit partout de la plus grande liberté possible, et ne doit compte de ses actions qu'à sa propre conscience.

Mais les révolutionnaires sont des phénix dangereux ; ils renaissent et se multiplient à volonté, non que le nombre en soit considérable, mais inquiétant : n'ayant plus rien à demander au pouvoir, par rapport aux principes, ils attaquent les ministres par des suppositions , et sont d'autant droite est monarchique ; elle vote pour la monarchie légitime et non pour les ministres ; de même que le centre gauche vote pour la monarchie constitutionnelle, avec ou sans les ministres, ce qui est absolument la même nuance d'opinion générale, sauf l'accord de quelques prétentions individuelles qui feront toujours place au grand intérêt public.

On voit donc, d'après cette donnée certaine, et suivant la conviction qui domine toutes nos pensées, que, si la majorité pouvait être douteuse en faveur d'un ministère qu'on a pris à tâche de persécuter, cette majorité, sous le rapport des doctrines et du dévouement, sera toujours acquise au Roi. Or, le Roi ayant placé toute sa confiance dans les ministres, nés de

plus dangereux, que, par leurs sophismes étudiés, ils corrompent l'esprit de la génération, lui inspirent la haine de la religion et de la monarchie, et remettent chaque jour en question ce qui a été mille fois décidé.

Il résulte, de ce que je viens dire, que les révolutionnaires de 1789 étant satisfaits par l'obtention de tout ce qu'ils desiraient, les révolutionnaires actuels ne sont que de mauvais citoyens, des perturbateurs du repos des nations, et, pour trancher le mot, des rebelles qu'il faut combattre et soumettre à la raison éternelle. C'est une lèpre contagieuse, une gangrène pestiférée dont la société demande à être purgée promptement : sinon, point de Gouvernement possible.

son choix et de son affection , et les chargeant de proposer aux Chambres des mesures constitutionnelles favorables à la nation tout entière, il faut supposer la Chambre en état de démence complète, ou en pleine révolution, pour imaginer qu'elle refuserait son adhésion aux royales propositions qui auraient pour objet le bonheur des peuples.

Qu'importe, en effet, aux députés et à la cause publique que tels ou tels soient ministres, et que tels autres ne le soient pas ! Discuter, écouter et voter *pour* ou *contre,* là se borne le devoir du député. L'esprit de parti, les considérations personnelles, les prétentions erronées ou ambitieuses, tout ce qui n'est pas intérêt national, ne peut avoir d'accès ni d'influence chez un loyal député, et ce n'est point en France qu'il faut désespérer de la loyauté.

Ainsi, point de suppositions injurieuses à la Chambre. Pénétrée de la gravité des circonstances, éclairée sur la marche active des révolutionnaires, et toute dévouée au salut de la monarchie selon la Charte, une grande majorité dans la Chambre des Députés ne peut manquer d'appuyer le gouvernement du Roi, et de lui prêter la force et l'énergie dont il a besoin pour étouffer enfin l'hydre des révolutions, en consolidant et le trône légitime et les royales institutions qui en sont émanées directement.

« Mettez le Roi de mon côté pendant vingt-

» quatre heures, disait le cardinal de Retz, et » j'aurai toute la France pour moi. » Certes nous ne sommes pas sous le Gouvernement du bon plaisir; mais le monarque est toujours également puissant et vénéré. Charles X n'aura pas besoin de *vouloir*, il suffira que Sa Majesté exprime un désir : la France y répondra par un *vivat !*....

Allons plus loin, puisque la révolution veut nous pousser au-delà même de l'infini : supposons qu'une chambre des députés soit un jour sourdement agitée par des menées démagogiques, ou par une *camaraderie politique* (1), et que cette chambre s'obstine et s'acharne à repousser le ministère du choix du Roi, ne serait-il pas évident qu'une telle obstination, qu'un tel acharnement constituerait un acte d'hostilité contre la volonté royale et contre la puissance constitutionnelle du Monarque ?

Serait-ce donc le cas, pour le Ministère, de se retirer devant cet exaction révolutionnaire ? Non, sans doute, le Ministère devrait se cramponner courageusement aux marches du trône; car sa retraite, dans une telle occurrence, serait le signal de l'impuissance et de la chute du pouvoir monarchique. Jamais concession moins opportune et plus intempestive ne pourrait être conseillée.

(1) Expression hasardée, mais juste en application.

On se ferait au surplus une bien fausse idée de la vie d'un Ministère, si l'on supposait qu'il dût trouver la mort devant l'adoption, ou le rejet de telle ou telle loi, par l'une ou par l'autre Chambre. Il arrivera souvent, et déjà nous l'avons vu, qu'une loi adoptée par les députés sera rejetée par les pairs, et *vice versâ*. Les ministres seraient-ils responsables de la dissidence des esprits? Non, sans doute.

Ne peut-il pas arriver aussi que la Chambre des Pairs, essentiellement monarchique par sa haute position, prenne en affection constante un Ministère que repousserait la démocratie de la Chambre des Députés? A qui faudra-t-il se rendre dans cette hypothèse? Serait-ce aux députés des départemens, plutôt qu'aux pairs de France? Répondons hardiment que le Ministère ne doit céder et ne cédera qu'à la volonté royale.

Les députés sont les mandataires de la nation; mais les ministres sont les mandataires ou les fondés de pouvoirs du trône. L'origine des uns, ou l'émanation du pouvoir des autres garantit leur indépendance réciproque; pourtant le Roi peut, s'il lui plaît, dissoudre la Chambre.

Des députés, dans un moment d'anarchie, pourraient peut-être, en adoptant une mesure désastreuse, refuser tout ou partie du budget, et proclamer ainsi la banqueroute de l'Etat;

mais des députés, auraient-ils même enfourché le cheval gris du marquis de Lafayette, ne pourront désormais chasser la fidélité du poste qu'elle occupe.

Il est bien temps de faire trève aux ministres, trève aux réputations, trève au trésor que tant de mutations ministérielles ont sensiblement obéré. Les députés devraient desirer que les ministres fussent inamovibles, et seulement responsables, il en résulterait un grand bien et pour l'Etat et pour toutes les existences dépendantes du pouvoir. Chaque ministre, après avoir placé ses protégés les plus pressés, penserait peut-être à rendre justice au mérite et au dévouement ; la monarchie aussi s'en trouverait mieux, car le grand art de gouverner est de savoir placer les hommes et mûrir les choses.

Veut-on absolument changer les ministres ? Je vous garantis que, dès demain, leurs successeurs, quels qu'ils soient, seront attaqués par les journaux avec une nouvelle violence.

Se bornera-t-on à une demi-mesure, en renouvelant le conseil des ministres par tiers, par quart ou par moitié, et en jetant, comme le dit et le souhaite *le Constitutionnel*, un ou deux hommes *à la mer* pour soulager l'esquif ? Cette mesure serait déloyale. Il y a dans un Ministère royaliste et composé comme celui-ci, une certaine sympathie, une sorte de solidarité de principes qui ne permet ni la division des esprits, ni la séparation des hommes. Et d'ailleurs, croit-on que de nouveaux noms feraient taire les journaux ?

Quels sont ceux des cent ministres passés que les journaux n'aient pas déchirés, froissés ou *mutilés* dans leur honneur personnel ou dans leur conduite politique ? Il en sera de même des cent ministres à venir.

L'arsenal du journalisme est rempli de projectiles dangereux. Les ministres servent de prétexte apparent ; le trône est la cause réelle de la guerre. L'artillerie de campagne des journalistes est habillement manœuvrée ; c'est sur les ministres que les coups paraissent dirigés et que la bombe semblerait devoir éclater ; mais c'est sur le trône seul que la révolution tire à boulets *rouges*.

Le combat est donc engagé entre la révolte et le pouvoir ; la lutte ne peut être de longue durée.

J'ai pénétré dans l'arsenal des rebelles, et j'ai décrit leurs armes. Maintenant que la royauté s'avance, puisqu'on la force de se mettre en ligne, voici son armure :

L'amour du peuple et de l'armée lui est acquis; le bon droit est pour elle; son pouvoir est aussi une de nos institutions chéries ; la force de son empire s'appuie sur la raison éternelle et sur la force même des choses légitimes et sacrées. L'étendard des lys ne peut donc s'abaisser devant les factieux, ni recevoir de conditions : composer, transiger, ou accorder la moindre trève, serait vouloir périr. Toute ville qui parlemente est à moitié rendue, dit le proverbe. C'est à la révolte vaincue à capituler ; c'est à la révolution à battre en retraite ; il faut enfin, il en est temps, que

Le flot qui l'apporta recule épouvanté.

C***,

Auteur de la brochure du *Jugement dernier* (1).

Au moment de livrer cette brochure au public, un article *sur les journaux*, inséré dans *l'Écho français* du 6, et reproduit par *le Moniteur* du 8 novembre, me tombe sous la main. L'esprit d'observation, de sagesse et de profonde méditation, dont cet article est empreint d'un bout à l'autre, me détermine à le faire imprimer une troisième fois, comme *document essentiel* à consulter en temps utile. Le nom de l'auteur de cet article m'est absolu-

(1) Le *Jugement dernier* est un écrit vigoureux qui a mérité l'attention et le suffrage de toutes les sommités sociales. On le trouve à la *Librairie universelle*, rue Vivienne n°. 2 (bis). Prix, 75 cent.

ment inconnu, mais nos pensées et nos vœux se rencontrant dans une bonne intention, il ne peut y avoir d'inconvéniens à les unir pour le bien public ; néanmoins nous devons exprimer franchement notre opinion : une enquête sur l'état actuel de la presse périodique nous paraît bien inutile. Les journaux sont jugés par tout le monde, leur mauvaise foi n'est plus douteuse ; le règne du mensonge finit quand celui de la vérité commence. Il faut donc que la presse périodique succombe sous le mépris public et sous le glaive des lois, ou qu'enfin elle obéisse à la raison éternelle. M. Etienne, député de la Meuse et rédacteur en chef du *Constitutionnel*, disait à la tribune, lors de la discussion de la dernière loi sur la presse périodique : « Messieurs, nous faisons encore une » loi sur la presse, celle-ci ne sera pas la » dernière. » *Experto crede Roberto.*

« Vouloir parler des journaux avec indépendance, c'est beaucoup risquer par le tems qui court ; l'écrivain libéral ne le pourrait : il serait certain d'y perdre quelque chose de sa popularité. Il y a donc tyrannie en France ; car dans un ordre de choses où rien ne serait oppressif, l'homme vraiment indépendant pourrait s'exprimer avec une entière franchise, même sur le compte de ses amis politiques, sans se faire aucun tort aux yeux du public éclairé.

» Nous allons essayer d'éclairer cette grande question avec toute la gravité convenable ; nous allons sonder la

plaie jusque dans ses profondeurs. Si le fer irrite la bles-
sure, qu'on ne s'en prenne pas à celui qui y porte la
main; mais qu'on accuse les hommes qui l'ont faite et
qui l'enveniment tous les jours. Certes, la situation de
l'esprit public mérite un examen sérieux; il est bon de
savoir si l'autorité du gouvernement du Roi sera jamais
usurpée par quelques écrivains. Il faut encore rechercher
si le despotisme exercé par les journaux peut aboutir à
quelque chose de raisonnable, dans le sens même des
journaux.

» Commençons par nous placer en dehors de cette
polémique, virulente et stérile ressource de tant d'écrivains qui dînent de la crédulité politique et soupent du
scandale. Gardons le sang-froid du véritable publiciste,
et déclarons avec franchise que nous voulons la *publicité
la plus étendue;* que nous n'avons aucune intention res-
trictive de la liberté de la presse, aucune arrière-pensée
de censure. La publicité est de l'essence de notre Gouvernement; sans elle il courrait risque de se dégrader,
de se corrompre, et il n'est pas besoin de répéter que la
corruption des meilleures choses est ce qu'il y a de pire
au Monde.

» Oui, la presse est appelée à jouer un grand rôle;
elle est destinée à être la gardienne vigilante, la senti-
nelle avancée des libertés publiques; elle doit adresser
au Gouvernement un langage franc et loyal, mais son
langage doit être respectueux. Il lui est défendu de jeter
la déconsidération au-dedans et au-dehors, soit sur le
pays, soit sur son Gouvernement; car qui blesse l'un
blesse l'autre. Nos monopoleurs d'opinions publiques
gnorent probablement que tout se tient, que tout s'en-
chaîne dans le Monde, et qu'on n'épuise pas, contre un
ministère, tout le vocabulaire des injures, sans donner une
étrange idée du pays où de pareilles licences s'appellent

du courage politique. Il n'y a jamais courage à écrire
dans un style digne de la populace révolutionnaire : c'est
faire un appel brutal à la haine, à la révolte, aux passions
de la multitude ; c'est prêcher le désordre, et ce n'est
pas répandre la lumière sur les questions les plus graves de
la politique.

» Mais si la presse est la gardienne des libertés publiques, elle doit aussi être la gardienne du pouvoir. Nous
préférons ces dénominations de pouvoir et de libertés à
celles d'opposition et de Ministère, qui ont quelque chose
d'étroit, de systématique ; elles font considérer toutes
choses sous un seul point de vue, celui de l'esprit de parti,
et s'opposent à ce que les diverses opinions se rendent
mutuellement justice. Cependant, comme la liberté, le
pouvoir est dans l'intérêt de tous. Mais l'opposition et
le Ministère pourraient, à la rigueur, ne représenter que
des intérêts privés. Comme la politique d'un grand pays
ne saurait reposer long-tems sur ces querelles mesquines,
il est toujours utile de faire tomber l'usage de ces grands
mots d'opposition et de Ministère, expressions empruntées
aux systêmes de bascule. Ne parlons donc que du pouvoir, gardien des libertés publiques, ou des libertés,
surveillantes éclairées et non licencieuses du pouvoir. Sur
ce fondement seul peut s'établir dans l'Etat une véritable
harmonie.

» Il faut que la presse, pour être utile, soit parfaite-
ment libre dans une monarchie telle que la nôtre ; mais
jamais elle ne doit rappeler la licence des démocraties
absolues : ce n'est pas un ostracisme qu'elle est appelée
à exercer ; elle ne doit point honnir, injurier, proscrire ; elle doit éclairer. Si elle n'accomplit pas son devoir,
elle manque au pays comme au Gouvernement ; si elle
était l'objet d'une attention nouvelle de la part des pouvoirs législatifs, c'est à elle seule qu'elle devrait s'en prendre.

» Ce qu'il y a de certain, c'est que la presse n'est pas dangereuse parce qu'elle vomit chaque jour un torrent de déclamations. Le danger consiste en ce que ces déclamations trouvent des oreilles faciles, des cœurs mous, des esprits crédules, et surtout en ce que le bon sens national va s'affaiblissant à mesure que le crédit des déclamations augmente. On pourrait donc laisser divaguer la presse, s'il était bien constaté, aux yeux de la nation, qu'elle ne fait que divaguer, si la nation elle-même était éclairée sur la situation des choses.

» Ne serait-ce pas un moyen d'arriver à ce but qu'une enquête sur l'action présente de la presse périodique, confiée à tout ce que la chambre des pairs et celle des députés possèdent d'hommes loyaux et éclairés. Dans un rapport étendu, spécifié, pourraient être classées par masses de faits et de raisonnemens toutes les questions que la presse a soulevées et résolues à sa manière. L'impartialité présiderait à cet examen ; on jouerait cartes sur table, et les chambres attentives observeraient si l'état actuel est bon, enfin si tout est dans l'ordre. Indépendamment des mesures qui pourraient sortir de cette enquête, et qui devraient, bien entendu, s'accorder avec la liberté, ne serait-ce pas déjà un grand bien que la tyrannie de la presse flétrie par un jugement public ; que l'élite de la nation rassemblée dans les deux chambres, arrachée à son joug ? Si l'on pouvait arriver ainsi à ce que les pairs et les députés ne se laissâssent plus intimider par un journal, qu'ils ne craignîssent plus de perdre quelque chose de leur popularité, par la manifestation d'une opinion franche et indépendante, la presse serait obligée de reculer dans ses limites naturelles, de se renfermer dans la mesure et de renoncer à la déclamation. Le public s'éclairerait dans une disccussion ferme et approfondie; l'état du pays s'améliorerait, et nous aurions alors réellement la liberté de la presse.

» Qu'on ne s'y trompe pas, ce que veut aujourd'hui la presse, c'est dominer le public, et par le public dominer les élections. Par les élections, elle compte s'emparer des députés, et arriver jusqu'aux pairs de France, soit en poursuivant de menaces d'impopularité ceux qui ne parleraient pas dans le sens de l'opinion factice des journaux, soit en barrant le chemin du pouvoir, en préparant par le décri le refus des votes des députés à ceux que le Roi, dans sa haute sagesse, pourrait appeler dans ses conseils. Tout cela, en style ordinaire, s'appelle de la brigue, de l'intrigue, et, en style politique, de la conspiration. On peut dire que la presse conspire, car elle tend à usurper tous les pouvoirs, à les concentrer en elle seule : elle y tend par la violence; elle y tend par une autre voie, par le *monopole*.

» C'est un noble mot que ce mot de liberté, et la chose est plus belle encore; mais il faut qu'elle soit une réalité, et qu'elle ne dégénère jamais en duperie. La presse parle beaucoup de liberté, mais sa manière d'agir n'est pas conforme à ses paroles : en général, elle est exclusive, elle n'est pas même juste. Si elle avait de la justice, elle admettrait la rivalité des opinions. Il est évident, au contraire, qu'elle l'étouffe par ses clameurs. Dans la lutte qu'elle a engagée, la victoire semble rester aux plus violens, aux plus grossiers, aux plus insultans. On se presse autour de leurs tréteaux, où la justice est immolée, comme la foule conduite par une triste curiosité, se presse autour du pauvre condamné qu'on exécute en place de Grève. Le goût ainsi corrompu veut des saturnales. La sagesse paraît froide et timide, parce qu'on n'en comprend plus la tranquille majesté.

» Et qu'on ne dise pas que, si le public lit les feuilles de l'opposition, et dédaigne les feuilles ministérielles, c'est qu'il cède aux bonnes raisons des unes, et que la logique des autres ne peut le convaincre. Quand même on ouvrirait aux feuilles supposées ministérielles la ressource des injures et des personnalités, il n'y aurait jamais parité entre elles et les feuilles libérales ; car les unes attaquent tandis que les autres défendent, et l'on n'ignore pas que la défense vit de raisons et non pas d'invectives. Il est vrai que des journaux, plus spécialement dévoués à la défense du pouvoir, pourraient entrer dans la voie de l'attaque ; mais il n'y aurait point encore parité, car il est plus naturel aux hommes de voler dans les rangs de ceux qui entourent la place investie que de se renfermer dans cette même place. Or, c'est vraiment le siége du pouvoir que font les journaux, et c'est un siége que le Gouvernement ne saurait admettre, car il n'est pas dans les régles. Le Gouvernement ne peut se permettre non plus une défense de personnalités et d'injures, et vouloir compenser la grossiéreté par la grossiéreté, et de criminels excès par des excès non moins criminels.

» S'il n'y a pas monopole dans le droit, il y a monopole dans le fait. Trois journaux notamment ont accaparé un simulacre d'esprit public, ont donné aux élections une certaine impulsion, ont cherché à intimider les membres de la chambre des pairs et de la chambre des députés, en leur inspirant la crainte d'une déconsidération publique, s'ils ne parlaient et ne votaient dans le sens que ces journaux indiquent. Ils ont trouvé *très-constitutionnel* de travestir ceux qui leur déplaisent en hommes de violence et de folie, et de métamorphoser ceux qui leur agréent ; ou qui leur obéissent, en hommes de sagesse et de raison. Ils se sont faits les tribuns de Rome, les rhéteurs et les sophistes d'Athènes, dans cette nouvelle démocratie, espoir de leurs vœux ambitieux. Ils n'accordent jamais la moindre justice ni à la personne, ni aux talens de leurs adversaires. Ils ne veulent pas être justes, et ils ne le veulent pas sciemment, de peur d'affaiblir leur puissance. Comme ils ne vivent que de déclamations, peu leur importent les raisons de leurs adversaires, pourvu qu'ils les couvrent par des injures.

» Qu'on élève chaire contre chaire, disent ces journaux, tribune contre tribune. Ainsi il faudrait ouvrir avec eux une lutte de déclamations; il faudrait que le gouvernement se dégradât dans cette lutte, et que l'opinion publique s'y affaiblît entièrement. Non, non, jamais un gouvernement ne saurait consentir à cet abaissement de sa dignité. Il ne peut pas s'empêcher de croire au bon sens national. Or, ne peut-on pas espérer que cette raison droite se manifesterait si l'état de la presse était bien constaté, si les pièces à l'appui étaient mises sous les yeux des chambres et de la France entière, si la presse était réfléchie dans un miroir fidèle, et si les questions, coulées à fond, ne demeuraient plus dans ce vague indécis où elle se plaît à les maintenir.

» Au milieu des cris qu'elle élève de toutes parts, la presse a peur : elle craint d'être démasquée, et c'est pour cela qu'elle prend l'air d'un faux brave. Telle est la raison de ses violences quotidiennes. Comme elle ne se sent pas assez de force pour entrer en discussion, elle en appelle aux injures; mais ici nous touchons à une autre question importante, celle de la compétence de la plupart des journalistes.

» On invoque des jurisconsultes pour décider d'un point de droit, des savans pour trancher une difficulté d'érudition; on consulte des militaires quand il s'agit d'un plan de campagne : mais le premier venu se croit publiciste. Ce qui devrait être une mission, une vocation, est devenu une spéculation, un métier. Ce qu'il y a de plus sublime au Monde, le don de la pensée et de la parole, est devenu l'instrument grossier de la provocation et de l'injure. Aussi, si l'on évite la discussion, c'est qu'on n'aurait pas la force de la soutenir, parce qu'on manque d'instruction, d'expérience et de connaissances. Ici un écrivain imberbe, à peine échappé du collége, là un homme qui n'a jamais feuilleté que des romans, et qui n'a jamais étudié une matière grave, s'érigent en censeurs du Gouvernement, en juges souverains de toutes les questions ; ils se cachent bravement sous le masque de l'anonyme, de sorte qu'on ne connaît jamais la personne du déclamateur, qu'on ne peut jamais décider de sa compétence. En effet, si l'on savait que tel écrivain que le public siffle ou applaudit au Vaudeville, se mêle de politique, on lui rirait au nez ; on lui demanderait compte de son instruction, de ses lumières ; il serair bientôt analysé, discrédité ; ses camarades au besoin en feraient eux-mêmes leur affaire. L'espuit public y gagnerait prodigieusement, car on connaîtrait ceux qui ont eu la ridicule prétention de le conduire en laisse.

» Nous ne craignons pas de nous avancer trop en déclarant que les trois quarts des écrivains de journaux ne sont pas compétens pour prononcer sur les matières qu'ils traitent. S'ils étaient réellement des hommes forts, ne connaîtraient-ils pas la France et l'étranger ? ne jugeraient-ils pas avec moins d'étourderie les actes du Gouvernement ? Mais, parmi cent articles, on en trouve à peine dix qui méritent d'être remarqués. Qu'arrive-t-il aussi ? Les hommes consciencieux, voyant l'état de la presse périodique, se retirent des journaux ; les hommes d'état, les grands écrivains, cessent d'y faire leurs premières armes ; les rôles sont remplis par les doublures des anciennes doublures.

» Dieu nous garde de prétendre qu'il n'y ait pas d'esprit dans leurs articles ; il y en a beaucoup chez nous, et les journalites en ont à faire trembler. Mais ici est un nouveau danger : en amusant la masse de leurs lecteurs, comme on amuse le public au théâtre, ils les détournent de l'habitude des pensées graves et sérieuses, et préparent, seulement par une voie nouvelle, un retour insensible à ce dix-huitième siècle, contre lequel nous nous vantions d'avoir trouvé une assurance.

» Nous avons formellement reconnu le droit de la publicité la plus étendue comme un corollaire indispensable de la forme de notre Gouvernement ; mais nous nous sommes élevés contre ses effets actuels, parce qu'elle n'est pas réelle, et qu'elle est dégénérée en monopole, qui accapare des suffrages par les déclamations, mais qui proscrit toute vraie discussion. Sans doute la censure n'est pas plus dans nos mœurs que dans la forme de notre Gouvernement, mais la presse n'est libre qu'en faveur de la publicité ; et lorsqu'elle oublie son caractère au point de devenir oppressive, au gré de quelques passions et de quelques intérêts, c'est elle-même qui provoque la puissance législative à chercher des remèdes aux maux qu'elle a produits.

» La publicité veut que rien ne reste caché de ce qu'il importe au public de connaître et de savoir ; elle veut qu'on se respecte assez soi-même pour ne pas injurier ses adversaires, pour ne pas exciter les passions à se ruer sur eux ; mais elle ne permet pas qu'on dénigre le Gouvernement, pour le seul plaisir de le dénigrer. Ce n'est pas faire de la publicité véritable que d'entretenir le public de futilités à défaut d'injures, de l'amuser comme on amuse les spectateurs au théâtre, au lieu de l'amuser en l'instruisant, en élevant les esprits ; que de faire de la vocation de l'écrivain un coupable métier ; que d'établir entre les journaux une rivalité d'argent ; que d'ouvrir journal comme on ouvre boutique pour vendre sa marchandise, pour attirer la foule en décriant ses concurrens, en vendant, en quelque sorte, à plus bas prix. Ce n'est pas faire de la publicité que de taire les raisons de ses adversaires, quand on se croit dans l'impossibilité d'y répondre victorieusement ; que d'étouffer le talent à sa naissance, lorsqu'il ne s'est pas engagé dans une coterie. Car certains journaux conspirent quelquefois par le silence, comme ils conspirent par le bruit et par les invectives. Enfin ce n'est pas concourir à la publicité, c'est y mentir que d'éveiller une prévention aveugle contre ses adversaires, que de les désigner arbitrairement à la vindicte d'un public qui ne les a point entendus. C'est agir dans un sens révolutionnaire et non dans le sens constitutionnel. »

DE L'IMPRIMERIE DE MADAME VEUVE AGASSE,

RUE DES POITEVINS, N° 6.

www.ingramcontent.com/pod-product-compliance
Lightning Source LLC
Chambersburg PA
CBHW061312050726
47594CB00004B/1681